Christine Nöstlinger (1936 - 2018) wurde in Wien geboren und wuchs im Arbeitermilieu der Wiener Vorstadt auf, wo sie nach eigener Aussage als ›besseres Kind‹ galt, da ihre Mutter einen Kindergarten leitete und ihr Großvater ein eigenes Geschäft besaß. Sie studierte Graphik und widmete sich seit 1970 ganz dem Schreiben. Sie hat über hundert Bücher für Kinder und Jugendliche veröffentlicht, die in viele Sprachen übersetzt und u. a. mit dem Hans-Christian-Andersen-Preis und dem Astrid-Lindgren-Gedächtnispreis für Literatur gewürdigt wurden.

Weitere Informationen zum Kinder- und Jugendbuchprogramm
der S. Fischer Verlage finden Sie unter www.fischerverlage.de

Aus Verantwortung für die Umwelt hat sich der Fischer Kinder- und Jugendbuch Verlag zu einer nachhaltigen Buchproduktion verpflichtet. Der bewusste Umgang mit unseren Ressourcen, der Schutz unseres Klimas und der Natur gehören zu unseren obersten Unternehmenszielen.

Gemeinsam mit unseren Partnern und Lieferanten setzen wir uns für eine klimaneutrale Buchproduktion ein, die den Erwerb von Klimazertifikaten zur Kompensation des CO_2-Ausstoßes einschließt.

Weitere Informationen finden Sie unter: www.klimaneutralerverlag.de

FSC www.fsc.org MIX Papier aus verantwortungsvollen Quellen FSC® C084279

9. Auflage 2023

Erschienen bei FISCHER Sauerländer

Erstmals erschienen 2002 im Dachs Verlag, Wien

Druck: Print Consult GmbH, München
Printed in Lithuania
ISBN 978-3-7373-6067-8

CHRISTINE NÖSTLINGER
CHRISTIANE NÖSTLINGER

ANNA UND DIE WUT

SAUERLÄNDER

Es war einmal eine kleine Anna, die hatte ein großes Problem. Sie wurde unheimlich schnell und schrecklich oft wütend. Viel schneller und viel öfter als alle anderen Kinder. Und immer war ihre Wut gleich riesengroß!

Wenn die riesengroße Wut über Anna herfiel, färbten sich ihre Wangen knallrot, ihre seidigen Haare wurden zu Igelstacheln, die knisterten und Funken sprühten, und ihre hellgrauen Augen glitzerten dann rabenschwarz.

Die wütende Anna musste kreischen, fluchen und heulen, mit dem Fuß aufstampfen und mit den Fäusten trommeln. Sie musste beißen und spucken und treten. Manchmal musste sie sich auch auf den Boden werfen und um sich schlagen.

Anna konnte sich gegen die riesengroße Wut nicht wehren.
Aber das glaubte ihr niemand. Die Mama nicht,
der Papa nicht und die anderen Kinder schon gar nicht.
Die lachten Anna aus und sagten:
»Mit der kann man nicht spielen!«

Das Schlimmste an Annas riesengroßer Wut war aber,
dass jeder etwas davon abkriegte,
der der wütenden Anna in die Nähe kam.
Auch die, die ihr überhaupt nichts getan hatten.

Wenn Anna beim Schlittschuhlaufen stolperte und hinfiel, wurde sie wütend.
Kam dann der Berti und wollte ihr wieder hochhelfen, schrie sie ihn an:
»Lass mich bloß in Ruhe, du Depp!«

Wollte Anna ihrer Puppe Ännchen Zöpfe flechten und schaffte das nicht, weil die Haare von Ännchen dafür viel zu kurz waren, wurde sie wütend und warf die Puppe gegen die Wand.

Bat Anna die Mama um ein Bonbon
und die Mama gab ihr keines,
wurde sie wütend und trat dem Papa auf die Zehen.
Bloß, weil die Zehen vom Papa gerade näher bei Anna
waren als die Zehen der Mama.

Baute Anna aus den Bausteinen einen Turm
und stürzte der ein, bevor er fertig war,
wurde Anna wütend und warf die Bausteine zum Fenster
hinaus. Und einer davon traf die Katze am Kopf.

Am wütendsten wurde Anna, wenn die anderen Kinder über sie lachten.
Da konnte es dann sein, dass sie auf vier große Buben losging.
Doch vier große Buben sind viel stärker als eine kleine Anna!

Zwei packten Annas Arme, zwei packten Annas Beine.
So liefen sie mit der kreischenden
und spuckenden Anna im Park herum und riefen:
»Gleich platzt der Giftzwerg vor Wut!«
Und alle anderen Kinder kicherten.

Und oft tat sich die wütende Anna selbst weh. Trat sie wütend gegen ein Tischbein, verstauchte sie sich die große Zehe. Oder sie schlug wütend um sich und stieß sich dabei den Ellbogen am Türstock blau.

Einmal biss sie sich sogar vor lauter Wut so fest in den eigenen Daumen, dass Blut aus dem Daumen spritzte. Zwei Wochen lang musste Anna hinterher mit einem dicken Verband am Daumen herumlaufen.

15!

»So kann das nicht weitergehen«, sagte die Mama. »Anna, du musst lernen, deine Wut runterzuschlucken!« Anna gab sich große Mühe. Sooft sie die Wut kommen spürte, schluckte sie drauflos!

Um besser schlucken zu können, trank sie Wasser literweise. Doch davon bekam sie bloß einen Schlabber-Blubber-Bauch und Schluckauf. Und die Wut wurde noch größer, weil sie sich nun auch über das lästige »Hick-hick« ärgern musste.

»So kann das nicht weitergehen«, sagte der Papa. »Anna, wenn du die Wut nicht runterschlucken kannst, dann gibt es nur mehr eines: Du musst der Wut eben aus dem Weg gehen!«

Anna gab sich große Mühe. Weil sie der Wut aus dem Weg gehen wollte, ging sie den großen Buben aus dem Weg und den anderen Kindern auch; damit niemand über sie lachen konnte.

A+R

Sie ging nicht mehr Schlittschuh laufen. Sie spielte nicht mehr mit Puppe Ännchen. Sie bat die Mama nicht mehr um ein Bonbon. Sie baute aus den Bausteinen keinen Turm mehr.

In den Park ging sie auch nicht mehr. Sie saß nur mehr daheim in ihrem Zimmer auf ihrem Korbstühlchen, hatte beide Hände auf den Armlehnen liegen und starrte vor sich hin.

»So kann das nicht weitergehen«, sagten die Mama und der Papa. »Doch!«, sagte Anna. »Wenn ich hier sitzen bleibe, dann findet mich die Wut nicht!«

»Willst du nicht wenigstens ein bisschen stricken?«, fragte die Mama. »Nur nicht!«, antwortete Anna. »Da fällt mir dann eine Masche von der Nadel, und ich werde wütend!«

»Willst du nicht wenigstens aus dem Fenster schauen?«, fragte der Papa. »Nur nicht!«, antwortete Anna. »Da könnte ich leicht etwas sehen, das mich wütend macht!«

So blieb Anna im Korbstühlchen sitzen, bis am Sonntag der Opa zu Besuch kam. Der brachte für Anna eine Trommel und zwei Schlägel mit. Er sagte: »Anna, mit der Trommel kannst du die Wut wegjagen!«

Zuerst glaubte Anna das gar nicht. Doch weil der Opa Anna noch nie angeschwindelt hatte, war sie dann doch bereit, die Sache zu probieren. Aber dazu musste sie zuerst einmal eine ordentliche Wut kriegen.

Anna holte die Bausteine, baute einen Turm und sagte zum Opa: »Wenn der nicht zwei Meter hoch wird, krieg ich einen Wutanfall!« Nicht einmal einen Meter hoch war der Turm, da stürzte er schon ein. »Verdammter Mist!«, brüllte Anna.

Der Opa drückte ihr die Schlägel in die Hände und hielt ihr die Trommel vor den Bauch, und Anna trommelte los! Der Opa hatte nicht geschwindelt. Das Trommeln verscheuchte die Wut! Anna musste sogar lachen, als sie den kaputten Turm anschaute!

Den ganzen Sonntag tat Anna Sachen, von denen sie wusste: Da könnte mich leicht die riesengroße Wut überfallen! Sie nähte einen Knopf an. Als im Faden vier Knoten mit Schlingen waren und Anna ihre Haare schon igelsteif werden spürte, riss sie den Faden ab und trommelte. Gleich wurden aus den knisternden Stacheln wieder Seidenfransen, und die Wut war weg!

ANNA

Dann lief Anna ins Wohnzimmer und drehte den Fernseher an. Weil es gerade einen Krimi zu sehen gab und die Mama nie erlaubte, dass Anna einen Krimi anguckte. Die Mama kam und drehte den Fernseher ab. Annas Wangen wurden knallrot vor Wut!

Diesmal musste sie ziemlich lange trommeln, doch es gelang wieder! Die Knallröte verschwand, ganz friedlich und sanft fühlte sich Anna, als sie die Trommel wegstellte.

Am Montag ging Anna mit der Trommel in den Park.
»Da kommt ja der kleine Giftzwerg«, rief ein großer Bub,
und die anderen Kinder lachten.

Annas Augen glitzerten rabenschwarz, wie wild schlug sie auf die Trommel und marschierte an dem großen Buben vorbei. Da rissen alle Kinder vor Staunen die Augen und die Mäuler auf und marschierten hinter Anna her.

Dreimal machte Anna im Park die Runde, dann ließ sie endlich die Trommelschlägel sinken. Alle Kinder klatschten Beifall und riefen:
»Du kannst ja wunderschön die Trommel spielen!«
Das meinten sie wirklich ehrlich.

Seither hat Anna die Trommel immer, vom Morgen bis zum Abend, vor den Bauch gebunden. Die Schlägel baumeln von ihrem Gürtel. Und kein Kind sagt mehr: »Die Anna spinnt!«

Alle Kinder wollen mit ihr spielen. Dauernd bitten sie Anna: »Sei lieb, trommel uns ein bisschen was vor!« Anna ist gern so lieb. Aber so langsam weiß sie schon nicht mehr, woher sie so viel Wut kriegen soll!